Les pe

Nadia (pseudonyme de Nadia Haddad) est née en 1928 au Caire, en Égypte. Elle y poursuit des études de lettres, puis s'installe à Paris, où elle gère une société d'études thermiques. L'histoire des Petits mégots est empreinte des liens très forts qu'elle garde avec son pays d'origine et avec le peuple égyptien. Depuis son arrivée en France, elle contribue bénévolement à l'alphabétisation des enfants immigrés.

Zaü est né à Rennes en 1943. Il collabore régulièrement aux principaux magazines pour enfants. Il a publié plusieurs ouvrages aux Éditions Universitaires et chez Armand Colin.

Du même illustrateur dans Bayard Poche :
Les sept sorcières (J'aime lire)

Onzième édition

Dépôt légal : avril 2003
Loi du 16 juillet 1949 sur les publications destinées à la jeunesse.

Les petits mégots

Une histoire écrite par Nadia
illustrée par Zaü

BAYARD POCHE

Les enfants de la rue

Le jour se lève au Caire, et dans les rues désertes il fait frais, presque froid. Sur les marches de l'Opéra, les petits ramasseurs de mégots dorment encore, serrés les uns contre les autres.

Le camion des balayeurs s'arrête sur la place. Le bruit réveille Ahmed, qui s'étire et se dégourdit les jambes avant de secouer ses compagnons :

– Allez, debout ! C'est l'heure de partir !

Ils sont vite levés. Chacun récupère sa boîte de conserve rouillée et ils s'éparpillent en

bandes de quatre ou cinq dans les rues de la ville.

Ahmed, Sélim et Abdo marchent à grands pas. Le petit Gamal trottine derrière eux aussi vite qu'il peut.

– J'ai faim, dit Sélim.

Abdo murmure de sa voix douce :

– On ne va pas faire les poubelles ! Ça fait deux jours qu'ils ne les ont pas ramassées. C'est dégoûtant.

– Essayons la rue du marché, on peut toujours faucher quelque chose là-bas !

– D’accord, dit Ahmed. On y va !

Ils courent. Ils se faufilent entre les tréteaux de fruits et de légumes. Une odeur les attire, une bonne odeur de crêpes arrosées de miel. Mine de rien, ils s’approchent de l’étalage, mais la grosse vendeuse les repère tout de suite.

– Ah non, encore vous, les Petits mégots ! Hier déjà vous m’avez volé deux crêpes ! Pour manger, il faut payer !

Abdo proteste timidement :

– On n'était pas là, hier...

– Si ce n'était pas vous, c'était vos frères. Filez, ou j'appelle les moustachus !

Les moustachus, ce sont les policiers, mais pour l'instant il n'y en a pas un seul dans les parages. Ahmed montre à la vendeuse la petite tête bouclée de Gamal, dont les yeux brillent d'envie :

– Et lui ? Tu n'as rien pour lui ?

– Bon, prends une crêpe, petit ! Mais ne reviens plus !

Gamal partage sa crêpe avec les autres. Plus loin, Ahmed et Abdo chipent des dattes. Sélim ramasse des tomates que des marchands ont jetées.

– Ça va ! dit Ahmed. On mangera mieux ce soir, quand on aura vendu notre tabac. Maintenant, il faut travailler. En route !

Gamal s'est arrêté devant la boutique du confiseur ; et Sélim le tire par la main :

– Viens ! Ce soir, tu auras des fèves chaudes et un œuf dur. Mais tâche de bien choisir les mégots que tu ramasses !

Le soleil chauffe doucement les belles avenues du centre de la ville. Des passants élégants se promènent sur les trottoirs, tandis que les Petits mégots avancent lentement le long du caniveau. Ici, la récolte est bonne : restes de cigarettes anglaises, turques, américaines...

Une voix joyeuse leur fait lever le nez.

– La paix sur vous, compagnons ! La pêche a l'air de marcher...

C'est leur ami Fouad, l'apprenti repasseur, qui vient à leur rencontre.

– Et toi, Fouad, ça va, le boulot ?

– Bah ! Mon patron est toujours aussi hargneux. Mais écoutez, vous autres : aujourd'hui, les camions de la police font le tour de la ville. Ils embarquent les mendiants et les ramasseurs de mégots.

– Pourquoi ? demande le petit Gamal.

– Le roi* reçoit des chefs étrangers : il faut cacher les pauvres ! Alors, c'est compris ? Faites gaffe aux camions de la police

– T'inquiète pas ! dit Ahmed. On ne se laissera pas prendre.

* En 1950, l'Égypte avait un roi : le roi Farouk.

Un accident

Vers midi, les Petits mégots s'installent dans une impasse étroite. Ils vident leurs boîtes sur un vieux journal. De leurs doigts rapides, ils déchirent le papier des mégots et ils recueillent le tabac propre. Il y en a un bon petit tas.

Ahmed est assez content :

– Ça va nous rapporter aux moins deux piastres*. De quoi nous payer deux repas.

À ce moment, Sélim lui donne un petit coup de coude et chuchote :

– Regarde un peu qui s'amène !

* C'est la monnaie égyptienne.

Trois garçons aussi sales et ébouriffés qu'eux entrent dans l'impasse.

– La bande à Amine ! s'écrie Gamal.

Il se lève pour courir à leur rencontre, mais Ahmed le retient.

– Attends !

Il regarde sévèrement les nouveaux venus. Amine lui demande :

– Vous avez bien travaillé ce matin ?

– Ç'aurait pu être mieux si tu n'étais pas passé avant nous dans l'avenue Soleïman Pacha... On s'était pourtant mis d'accord. Chacun son coin.

– Hé ! la ville est à tout le monde ! On ne va

pas se bagarrer pour ça. Regarde, j'ai quelque chose de mieux à te proposer.

Amine montre un ballon fait d'une vieille chaussette bourrée de chiffons.

– On peut jouer au foot !

Ahmed retrouve aussitôt le sourire.

Les équipes sont vite constituées et la partie commence. Elle ne tarde pas à s'échauffer. L'impasse résonne de cris :

– Passe ! Tire ! Shoot ! Buuut !

Gamal, le seul et unique spectateur, hurle d'enthousiasme en frappant dans ses mains.

Mais soudain, une ombre envahit la chaussée : le camion de la police.

Il s'est arrêté juste au bout de l'impasse. Impossible de sortir. Les enfants sont pris comme dans un piège.

– Attrapez ces gosses ! Attrapez-les ! crie un brigadier.

Les Petits mégots courent dans tous les sens. Mais ça ne sert à rien. Les moustachus les empoignent, l'un après l'autre. Ils les soulèvent et les jettent dans le camion comme des paquets.

Seul Abdo réussit à se glisser entre les roues du véhicule et à s'enfuir.

Il file à toutes jambes dans le dédale des rues. Le bruit des pas derrière lui l'affole. Il faut courir plus vite, plus vite ! Enfin, il atteint l'avenue des tramways. Il saute sur le marchepied du premier wagon qui passe. Ouf ! sauvé !... Pas tout à fait. Le contrôleur n'est pas loin. Il va falloir descendre du wagon en marche...

D'habitude, Abdo fait ça très bien. Mais, est-ce l'émotion ou la fatigue de la course ? il tombe et son pied glisse sous la roue du tramway.

Une douleur atroce traverse son corps. Il voudrait hurler, mais il n'en a pas la force. Les gens accourent :

– Qu'est-ce qui se passe ? Il est mort ? La foule l'entoure. Abdo entend la sirène de l'ambulance, et il s'évanouit.

Une nuit au poste

Pendant ce temps, Ahmed et les autres sont déjà arrivés au commissariat. Ils s'assoient sur la terre humide de la cellule. Dans un coin, il y a une grande jeune fille, qui leur dit d'une voix taquine :

– Alors, les gars, on s'est fait prendre ! C'est la vie, un jour du miel, un jour de l'oignon !

Et elle ajoute :

– Je m'appelle Fatheya.

– Qu'est-ce que tu as fait, toi, pour qu'on t'enferme ici ? demande Sélim.

– Pas grand-chose ! J'ai pris des couverts

dans les tiroirs de ma patronne.

Fatheya se penche et remarque le visage inondé de larmes de Gamal.

– Mais tu pleures, petit !

– Il a six ans, dit Ahmed, et c'est la première fois qu'il est pris. Il a peur.

Fatheya s'assoit près de Gamal et lui essuie les yeux avec sa robe.

– Dis-moi, petit, tu sais chanter ?

Gamal sourit, mais il ne répond pas.

– Alors tant pis, tu vas danser ! Debout, tout le monde, on va faire une ronde.

Fatheya se met à chanter.

Les enfants tournent de plus en plus vite, puis ils se laissent tomber en riant.

– Hé ! C'est pas fini, paresseux ! Maintenant, je vais vous apprendre à danser le tango, comme les étrangers !

Alors commence une drôle de leçon de danse dans la cellule du commissariat. Les enfants sautillent maladroitement.

– Un-deux-trois-quatre ! Un-deux-trois...

– Silence ! crie le gardien.

Ils se taisent. Finie, la fête ! Sélim ne peut pas s'empêcher de soupirer :

– C'est triste, quand même ! Tout notre tabac perdu, et notre dîner envolé !

Depuis le maigre repas du matin, ils n'ont rien mangé... Fatheya réfléchit un instant et enlève une de ses chaussures. Elle en sort quelques pièces de monnaie.

Elle crie :

– Gardien, gardien !

– Qu'est-ce que tu veux, toi, la bavarde ?

– Je suis sûre que tu as faim... Si tu nous achètes deux plats de fèves chaudes et un pain rond, je te paie ton dîner à toi aussi.

– D'accord ! dit le gardien en prenant l'argent. Je reviens tout de suite.

Un quart d'heure après, Fatheya distribue les morceaux de pain qui vont servir de cuillères.

Les enfants sont assis autour des assiettes fumantes. Ils avalent rapidement une bouchée après l'autre.

– Merci, Fatheya ! dit Ahmed en se léchant les doigts. Quelle belle soirée on a passée !

– J'espère que bientôt vous m'inviterez, vous aussi ! dit Fatheya.

– D'accord, tu viendras chez nous, sur les marches de l'Opéra.

Fatheya sourit :

– Allez, les Petits mégots, il faut dormir maintenant, bonne nuit !

Mauvaise nouvelle

Le lendemain, les chefs étrangers sont partis : on relâche les mendiants et les ramasseurs de mégots.

– Qu'est-ce qu'on fait ? demande Sélim en sortant du commissariat. Il nous faudrait de nouvelles boîtes pour travailler.

– On y pensera après, dit Ahmed. D'abord, il faut rejoindre Abdo. Il nous attend sûrement du côté de l'Opéra.

Ils passent toute la matinée à chercher leur compagnon, mais Abdo reste introuvable. Il n'est nulle part, ni devant l'Opéra, ni ailleurs.

Finalement, Ahmed décide d'alerter tous leurs amis : le mendiant aveugle, le cireur de chaussures, le clochard un peu fou... Il faut que chacun se renseigne de son côté et demande partout : « Vous n'avez pas vu Abdo, le ramasseur de mégots ? » La question vole à travers les rues de la ville, et la réponse ne tarde pas à arriver :

– Abdo a eu un accident grave, il est à l'hôpital de l'assistance publique.

– On ne peut pas le

laisser tout seul ! dit Sélim. Il faut y aller.

Ahmed hausse les épaules :

– Tu t'imagines qu'ils vont nous laisser entrer à l'hôpital avec nos galabeyas* crasseuses et nos pieds nus ?

– Fouad le repasseur va sûrement nous trouver une solution ! Allons le voir.

Ils courent jusqu'à la boutique de Fouad, mais ils n'osent pas s'approcher : le patron est assis devant sur une caisse. Il s'évente doucement.

* Ce sont les chemises longues que portent les hommes.

Son apprenti, lui, sue à grosses gouttes et s'active autour de la table à repasser. Il s'emplit la bouche d'un peu d'eau qu'il recrache en fines gouttelettes sur le linge pour l'humecter.

– Fouad ! crie soudain le patron. Débarrasse-moi de ces trois pouilleux qui sont plantés là depuis un moment !

Le jeune homme se précipite vers les enfants :

– Qu'est-ce qui se passe ? Vous en faites une tête !

En quelques mots, ils lui racontent les malheurs d'Abdo.

– Aide-nous, s'il te plaît ! Tu ne peux pas nous trouver des galabeyas propres pour qu'on puisse entrer à l'hôpital ?

– Je vais tâcher de vous en amener une. Attendez-moi dans le jardin là-bas. Toi, Ahmed, profites-en pour te débarbouiller à la fontaine.

Fouad regagne son poste sous l'œil soupçonneux du patron. Il travaille encore un moment et, tout à coup, il se frappe le front :

– Le linge du restaurant italien ! J'ai oublié qu'il fallait le livrer ce matin ! Je file.

– Ne traîne pas en route, crie le patron.

En arrivant dans le jardin, Fouad pose le paquet de linge sur un banc et il en sort une chemise toute propre.

Il aide Ahmed à l'enfiler, puis il lui démêle les cheveux et lui remet son petit bonnet sur la tête. Il le regarde d'un air satisfait :

– Ça ira ! Tu es convenable. Ne te salis pas, surtout. Je dois ramener la chemise cet après-midi.

Il se tourne vers les autres :

– Vous, allez porter le linge au restaurant italien à ma place, dépêchez-vous ! J'accompagne Ahmed à l'hôpital. On se retrouvera ici plus tard.

La lettre de Fouad

Il fait chaud dans cette longue salle d'hôpital. Ahmed et Fouad avancent lentement dans l'allée centrale en dévisageant tous les malades.

– Le voilà ! dit Fouad.

Abdo leur sourit faiblement. Il a les traits tirés, les yeux cernés, mais le plus impressionnant, c'est sa jambe. Elle est entourée d'un énorme pansement et elle fait une grosse bosse sous le drap. Ahmed serre la main de son ami.

– Hé ! Tu n'es pas content de nous voir ? Bientôt tu vas guérir, nous serons à nouveau réunis...

– Non, murmure Abdo. J'ai eu le pied complètement écrasé. Le docteur a dit que je boiterai toute ma vie. Je ne pourrai plus vous suivre.

Les larmes lui montent aux yeux, il s'essuie le visage avec le drap :

– Je ne sais pas ce que je vais devenir en sortant d'ici.

En vérité, il sait bien qu'il sera obligé de mendier, tout seul, comme les autres enfants estropiés qu'on rencontre dans les rues du Caire. Mais il ajoute, comme pour rassurer son ami :

– Au fond, j'ai eu de la veine. J'aurais pu avoir les deux jambes coupées et vous auriez été obligés de me fabriquer une planche avec des roulettes ! Tandis que là, une béquille suffira.

Fouad, silencieux, réfléchit.

– Je crois que j'ai une idée ! dit-il enfin. Mes parents cultivent un

bout de terrain à la campagne. Je suis leur fils unique, et ils sont malheureux depuis mon départ pour la ville. Tu ne voudrais pas aller chez eux, Abdo ? Je suis sûr que tu pourrais les aider. Ils se font vieux. Tu pourrais t'occuper des bêtes, arroser le potager.

Tout à coup, Abdo est plein d'espoir.

– Tu crois qu'ils voudront de moi ?

– J'en suis sûr. Je vais leur envoyer une lettre pour les prévenir.

– Dis-leur que je sais travailler, que je ne mange pas beaucoup.

Fouad éclate de rire :

– Écris la lettre toi-même !

– Je ne sais pas écrire...

– Moi non plus. Heureusement qu'il y a l'écrivain public, il fera ça pour nous.

Le lendemain, aussitôt qu'il a un moment de libre, Fouad s'occupe de la lettre.

L'écrivain public est assis sur le trottoir, avec une planchette sur les genoux. Les clients dictent, il écrit. Fouad s'installe à ses côtés et commence à dicter :

« Mes chers parents... »

– Ah non ! dit l'écrivain. Tu paies d'abord. Le tarif, c'est une piastre la page.

– Je n'ai pas d'argent. Mon patron envoie ma paie à mes parents. Je suis seulement logé-nourri.

– Pas d'argent, pas de lettre !

Fouad avait prévu ça. Il propose :

– Je te repasserai gratuitement ton linge toute la semaine.

L'écrivain accepte. Il prend ce qu'on peut lui donner ! Aujourd'hui, il a déjà reçu trois œufs, une livre de dattes et le journal du jour.

– Bon, vas-y ! Parle clairement et sans hésitation.

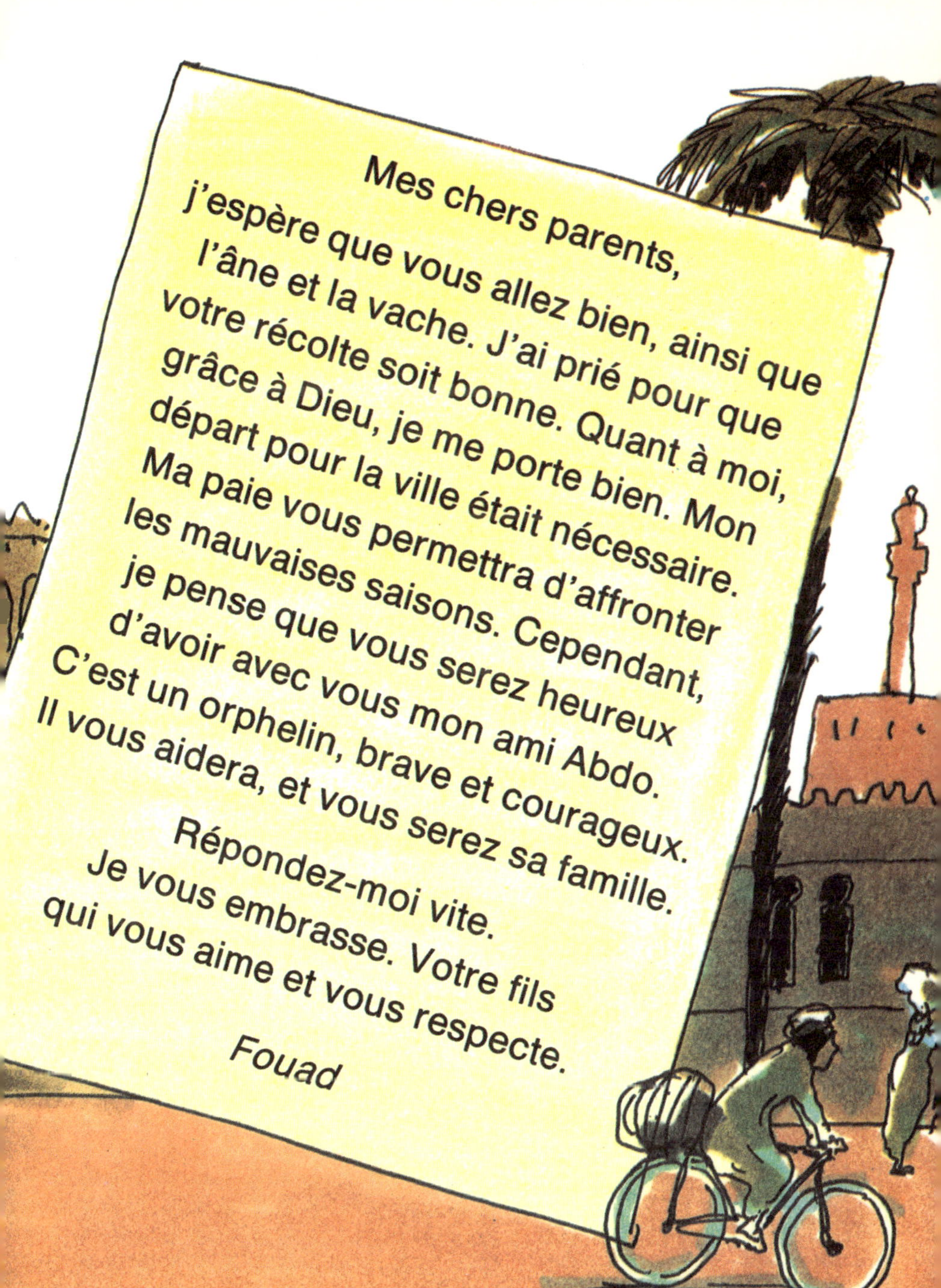
Mes chers parents,
j'espère que vous allez bien, ainsi que l'âne et la vache. J'ai prié pour que votre récolte soit bonne. Quant à moi, grâce à Dieu, je me porte bien. Mon départ pour la ville était nécessaire. Ma paie vous permettra d'affronter les mauvaises saisons. Cependant, je pense que vous serez heureux d'avoir avec vous mon ami Abdo. C'est un orphelin, brave et courageux. Il vous aidera, et vous serez sa famille.

Répondez-moi vite.

Je vous embrasse. Votre fils qui vous aime et vous respecte.

Fouad

Abdo s'en va

Deux mois se sont écoulés. Les parents de Fouad ont répondu. Ça a pris du temps ! D'abord, ils se sont fait lire la lettre de Fouad, ensuite ils ont réfléchi, et puis ils ont fait écrire la réponse par l'écrivain public du village.

Ils attendent Abdo avec impatience ! Ils ont même envoyé un peu d'argent pour aider à payer son billet.

À l'hôpital, Abdo apprend à marcher avec la béquille que ses amis lui ont fabriquée. Il se débrouille déjà pas mal.

Enfin le jour arrive où il peut sortir.

Fouad et tous les Petits mégots sont devant la porte pour l'accueillir. Il y a Ahmed, Sélim et Gamal, bien sûr, mais aussi la bande à Amine.

Aussitôt qu'Abdo apparaît, c'est un grand cri de joie :

– Le voilà ! Le voilà ! Avancez vite le taxi !

Abdo, étonné, regarde la petite charrette à bras qu'Ahmed pousse vers lui :

– C'est pour mes bagages ?

Ils éclatent tous de rire.

– Vas-y, Abdo ! dit Ahmed. Monte là-dessus. On va t'emmener à la gare comme un pacha !

Abdo grimpe en se tortillant sur la charrette. Et le voilà parti, avec tout un cortège de Petits mégots derrière lui.

Ils traversent la ville. Des passants rigolent en les voyant zigzaguer entre les voitures :

– Hé ! Regardez le roi des mendiants qui passe dans son carrosse !

D'autres se fâchent :

– Pousse-toi de là, fils de vieille savate !

Ils s'arrêtent devant la gare.

– On va se quitter là, dit Ahmed. Il vaut mieux qu'on n'entre pas. De toute façon, on se ferait chasser.

Abdo est ému. Il serre les mains qui se tendent vers lui, et il articule d'une voix un peu rauque :

– Que Dieu vous protège !

– Tu mangeras tous les jours, dit Gamal.

– Ne nous oublie pas, quand même ! ajoute Sélim.

– Mais oui ! dit Fouad, qui s'impatiente. Il reviendra vous voir un jour, et il vous ramènera des œufs et des fruits frais de la campagne, pas vrai, Abdo ?

Il entraîne Abdo dans la gare.

Les Petits mégots font des signes d'adieu en agitant leurs boîtes.

Le train siffle… Abdo est parti. Ahmed se tourne vers ses compagnons :

– Au travail, les gars ! On commence par l'avenue Soleïman Pacha.

Gamal saute dans la petite charrette :

– Taxi ! Emmène-moi là-bas !

Et les petits ramasseurs de mégots s'éparpillent comme chaque matin dans les rues de la ville.

J'AIME LIRE

Les premiers romans à dévorer tout seul

 **Se faire peur et frissonner de plaisir**

 **Rire et sourire avec des personnages insolites**

 **Réfléchir et comprendre la vie de tous les jours**

 **Se lancer dans des aventures pleines de rebondissements**

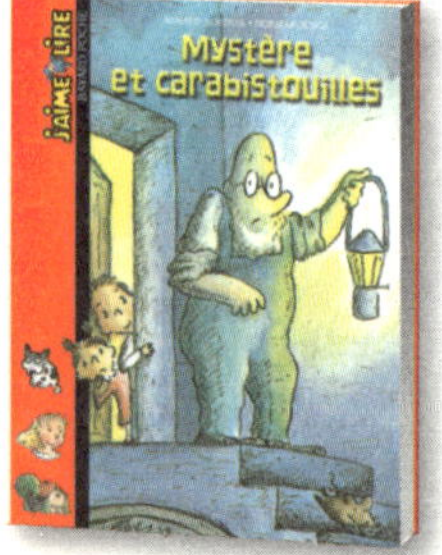

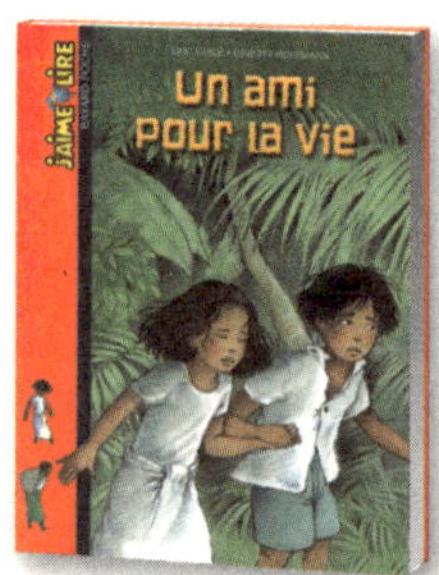

 **Rêver et voyager dans des univers fabuleux**

Achevé d'imprimer en mars 2003 par OBERTHUR Graphique
35000 RENNES - N° Impression : 4794
Imprimé en france